ECLIPSE

H.A

ECLIPSE

© 2018, H.A

Édition : BoD – Books on Demand
12/14 rond-point des Champs-Élysées, 75008 Paris
Impression : BoD - Books on Demand, Norderstedt, Allemagne
ISBN : 9782322162857
Dépôt légal : novembre 2018

Emmi de corps célestes qui s'entremêlent, s'imbriquent, effectuent de multiples trajets, un astre reluisant s'avance. Emmi d'étoiles coruscantes, disposées à illuminer le ciel obscur, un astre radiant s'approche. Emmi de planètes, les unes plus immenses que les autres, les unes plus brillantes que les autres, un astre illuminant se dirige vers cette immense étoile, le Soleil.

Lune et Soleil s'unissent, s'enlacent, s'embrassent et la haine s'efface. L'éclipse offre un sentiment de quiétude qui émerveille nos âmes chagrinées. Ce sentiment exaltant s'éternise, embrase nos cœurs assombris et nous immerge dans un océan de mirage.

Vous êtes les particules de ma force mais surtout la lumière de mes sombres remords. Vous êtes l'électron de ma motivation mais surtout le soleil de mes sombres nuits glaciales. Vous êtes cette comète qui s'écrase dans mon astre, laissant des bribes d'un amour étincelant éclairer mon jardin sinistre. Notre chemin est comparable à la Voie Lactée où les étoiles paradisiaques clament notre fusion.

*Merci à toutes les personnes qui me soutiennent quotidiennement. Vous êtes ma force, vous êtes mon énergie. Vous êtes une **éclipse** qui résulte d'une fusion entre moi, en tant qu'auteur, et vous, en tant que lecteurs.*

Noir était son cœur, noire était la rose.

Un brin d'amour et l'écume de leurs sentiments,

Réanimaient l'apothéose.

Illumination d'une lumière du néant,

Au crépuscule, son cœur pleurait son absence.

Zéphyrien, il s'infiltrait en lui,

Absorbait ce liquide venimeux qui gorgeait son acrimonie !

Clarté obscure qui s'éclaircit par ses désirs enflammés.

Kafir[1], Ô il ne l'était point ! Il préférait

Aider les âmes égarées à suivre le droit chemin, en

Rejetant les méfaits de l'animosité,

Y compris du désenchantement.

Adieu à lui, lumière de mes sombres chagrins !

---

[1] Mot arabe qui désigne une personne qui ne croit pas, n'est pas croyante. Il désigne donc une personne qui rejette Allah, et rejette également la version islamique de la vérité.

Mille et une douleurs, mille et une aigreurs.

Ange mignard maculé de brûlures impétueuses,

Ravivait ce *rocher* imprégné de noirceur.

Wagon de leur amour, massait, périssait,

Au crépuscule, leurs âmes s'évanouissaient.

Braises radiantes exaltaient son âme neurasthénique.
Evanescence de sensations aigres lors du lever
Héliaque.
Roi de pique, pourvu de sentiments mélancoliques,
Appétait, convoitait, ce jardin aphrodisiaque.
Minuit, Vénus[2] lui insufflait son sortilège.

---

[2] Déesse de l'amour, de la séduction, de la beauté féminine et de la civilisation dans la mythologie romaine. Elle est l'équivalent de la déesse grecque Aphrodite.

Phoenix renaît de ses cendres, Gangsta déploie ses *Ailes*

Astre séraphique fleurissant lors du lever
Héliaque,

Libérait cette lumière cendrée égarée,
Adulée par les étoiles paradisiaques.

Galaxie dans son cœur, Galaxie sa demeure !
Au crépuscule, la Lune reluisante était en pleurs,
Noyant quelques bribes de lueur.
Gloire à cet univers saupoudré de blancheur !
Soleil de minuit, Soleil de ses nuits,
Tokyo Ghoul[3] son *Corazón*[4] de sa vie.
Aux yeux de tous, ce mâle médusait son esprit.

---

[3] Tokyo Ghoul est un manga japonais.
[4] Mot espagnol signifiant « cœur ».

Anges maculés de passions impétueuses,

Masquaient secrètement une étincelle jaculatoire.

Au pays du Soleil-Levant, les âmes fougueuses

Rayonnaient ce ciel moire.

Noire était la rose sans épines,

Archange irascible qui épousait le Yin,

Balafrait la blanche colombe.

Illumine cette noirceur atone dans sa tombe !

La Lune rougit et son noir vautour rugit.

Sacrifice au sommet de la spiritualité.

Ange Auguste venu de l'éden,

Retransmettait en lui toute cette chasteté.

Aux premiers rayons solaires, cette âme olympienne

Honorait les invocations de l'au-delà.

Sur un ton périlleux, un long combat maniéré
Apparaissait.
Kriss malais à lame ondulée, transperça un prince
Ubuesque,
Revigorant dès lors une effervescence titanesque.
Aux premières lueurs, Aphrodite lui offrit un baiser.

Une rose est plus noble lorsqu'elle naît d'une vicissitude

Union fugace, désunion inéluctable !
Nitescence des pauvres âmes valétudinaires,
Et déliquescence de souvenirs mémorables.

Nébuleuse écume embrasant leurs deuils amers,
Où des odes funèbres galvanisaient leurs âmes âpres.
Blanche colombe maculée de débris impurs,
Languissait le noir corbeau acariâtre,
Erratique, leurs cœurs s'imprégnaient d'éraillures.

Revigore ces jardins hâves et drainés,
Où les roses nitides viendront pleurer,
Sur ces océans émeraudes moires !
Equanimité, ce reflet éphémère dans leurs miroirs…

Houri, illuminant cet erg assombri,
Absorba ce liquide mortifère qui gorgeait son jardin
Noirci.
Au lever du jour, son ange platonique surgit.

Einstein des quartiers populaires,

Balafré par les vicissitudes austères.

Taciturne consumé par les plaies véhémentes,

Ignées, supportait cette douleur lancinante.

Havre de paix, havre de haine où ses échos

Etouffés mourraient, laissant quelques lambeaux

Lugubres noircir son jardin de regrets.

Soleil de ses nuits, Soleil de minuit !

Amour déchaîné par ces braisillements délurés,

Mussait une âme aussi cristallisée que dévouée.

Illumination d'un cœur pur, inouïe !

Reine réfulgente aux racines espagnoles,

Aimait s'aventurer en prenant son propre envol.

Solitaire amorphe dont l'âme de jais,

Appétait embrasser l'exaltant sanctuaire.

Prodrome d'une concupiscence satinée,

Honorait le joyau au pouvoir vulnéraire.

Illumination des Sakura[5] qui venaient saupoudrer

Radieusement leurs cœurs valétudinaires.

---

[5] Cerisiers ornementaux du Japon ainsi que leurs fleurs.

Mille et une merveilles, mille et une saveurs.

Orphéenne, sa plume enjôlait son cœur

Ravagé.

L'émoi ineffable d'être tant médusée,

Brûlait son désir enseveli dans l'abîme.

Ode à leurs *souvenirs inoubliables,*

Revigorant l'aura de ces êtres magnanimes !

Auréoles de leurs sentiments immuables.

Souvenirs inoubliables

Ô mon Apollon, Ô mon Bien-Aimé !
Une déliquescence mémorielle est apparue,
Faisant de moi une misérable femme déchue,
Dont sa dévotion n'était que t'aimer à jamais.

Submergée autrefois par un océan de bonheur
En étant à tes côtés,
Je n'avais nullement besoin de « mon cœur »
Pour savoir à quel point tu me chérissais.

Hélas ! Un bonheur si fugace, une plénitude
Ephémère,
Puisqu'une tragédie s'est emparée de nos arrières
Laissant notre union dans une effroyable inquiétude.

Cet amour, engouffré dans l'obscurité,
Cherchait à retrouver cette lumière égarée.
Ravoir enfin ces émotions incomparables,
En jaillissant nos **Souvenirs Inoubliables**.

Dégénérescence émotionnelle que procurait ce
Joyau reluisant, où sa couleur noirâtre
Envoûtait tout être sagace.
Mini justicier utopiste à l'allure acariâtre,
Âpre, détenait le redoutable *Death Note*[6] !
Aux âmes infâmes ! Garde à vos terribles fautes !

---

[6] Death Note est un manga japonais.

Surveille tes arrières

Chaque jour, noyé dans un amour à sens unique,
Faisant de moi un misérable être tragique.
Comment pouvais-je te déclarer
Ce que ce cœur si peiné éprouvait ?

Je te zieutais depuis de très longues années
Sans avoir ce courage herculéen de me confesser.
J'avais donc laissé un autre homme t'aimer
Sous mon regard consterné…

Chaque jour tu t'éloignais peu à peu,
Faisant de moi un misérable malheureux.
Comment pouvais-je te confesser
Mes sincères sentiments occultés ?

Dorénavant, entre nous, cette barrière,
Me laissant dans une situation de damné,
Qui s'était vu trahir par une piètre amitié.
Ma raison me disait « **Surveille tes arrières** »

Ensoleillement au sommet de l'Olympe[7],

Zeus[8], par sa puissance, envoya une foudre,

Galvanisant cette beauté vêtue d'une robe à guimpe.

Immarcescible, cet amour dont nul n'avait pu dissoudre.

---

[7] L'Olympe est traditionnellement le domaine des dieux de la mythologie grecque.
[8] Le dieu suprême dans la mythologie grecque.

Elle était à la fois mon idylle et ma souffrance

Sur le sommet de la souffrance, une
Falarique fuligineuse criblait son âme flegmatique.

Brasillements mortifères gorgeant son cœur de rancune,
Evanescence de son château sémillant et pacifique.
Neurasthénique, son jardin égrotant
Espérait avidement cet empyrée chatoyant.

D'une bonté aussi incommensurable que l'océan,
Où chaque goutte pure ravivait les esprits
Nescients.
Immuable, son amour pour sa religion de cœur,
Apportait et apportera cet instant de bonheur.

Le chant des Iles Infernales[9] la charmait,
Illuminait fougueusement ses rêves refoulés.
Nitescence de son aura féerique qui déracinait les
Amertumes, imprégnées dans les veines envenimées.

---

[9] Ensemble de vingt-et-un îlots situés en Croatie.

Immersion dans l'abîme de la Mélancolie,

Mélancoliques paysages épousaient les

Affres sentimentales d'une humaine affligée.

Naïvement, elle guignait voyager dans sa vie.

Ennemi pour le restant de sa vie, *Rebenga*[10]

Reine de trèfle, ce souvenir d'un printemps blanc,
Emanait de son âme aussi reluisant que le diamant.
Bavures à ces ignorants qui éreintaient sans connaître
Emilio Rebenga !
Noir comme le cœur de Tony Montana[11],
Glorifiait sa quête sans se soucier de tout être.
Au lever du jour, son auréole se reflétait tel un miroir.

---

[10] Personnage du film « Scarface ».

[11] Antonio « Tony » Montana dit Scarface est un héros cinématographique et vidéoludique. Il est le personnage principal du film Scarface.

Naturellement humble comme Mohamed Ali[12],

Esprit d'aventure, elle était ce beau

Yang emmi de ces êtres aigris.

La découverte de mille et un paysages,

Amenait son désir sur un petit nuage.

---

[12] Boxeur américain évoluant dans la catégorie de poids lourds, considéré comme un des plus grands boxeurs de tous les temps.

Souvenirs d'Inde lors d'un automne blanc,

Automne blanc si lénifiant.

Namaste[13] au puissant tigre ou au cobra

De Shiva[14] !

Reine du pays, elle dansait au milieu des vallées,

Attendant cet amour singulier.

---

[13] Mot hindi signifiant « Bonjour ».
[14] Dieu hindou, le plus vénéré des dieux. Il est membre de la Trimūrti avec Brahmā et Vishnou.

Malheur aux mélopées qui s'entremêlaient dans les
Abysses macabres !
Embûches parsemées sur son rocher, avaient
Le même degré de supplice que Prométhée[15].
Les affres de tristesse épousaient l'atmosphère insalubre,
Enjolivaient, rythmaient les tourments de ses nuits.

---

[15] Dans la mythologie grecque, Prométhée est un Titan. Il est principalement connu pour le vol du « savoir divin » (le feu sacré de l'Olympe), qu'il restitue aux humains entraînant la colère de Zeus. Pris d'une colère immense, Zeus le condamne à être attaché à un rocher sur le mont Caucase, son foie dévoré par l'Aigle de Caucase chaque jour, et renaissant la nuit.

Epanchement d'une myriade de sentiments

Liliaux,

Oasis drainée de deux misérables amants.

D'Istanbul, passant par le cœur de Bilbao,

Infortune comparable à celle de Tristan et d'Iseut[16].

Enfièvrement des maux sécrétés par de mots hargneux.

---

[16] L'histoire de Tristan et Iseut est un mythe littéraire.

Above the clouds[17], une aura lumineuse

Manifestait une ivresse euphorique.

Elle valsait les mots telle une déesse angélique ;

L'équanimité éternelle d'une plume élogieuse.

---

[17] Mots anglais signifiant « au-dessus des nuages ».

Hardiesse éternelle, humilité perpétuelle !

Attachante, une essence unique se dégageait d'elle,

Woman[18] persévérante dans ce qu'elle entreprenait.

Au pied sommet, elle avait réalisé tous ses projets.

---

[18] Mot anglais signifiant « femme ».

Réminiscences d'une *Atma*[19] frêle.

Avide de solitude, elle

Daignait contempler ce ciel constellé.

Impétueux sentiments glauques refoulés,

Atma s'évertuait à chasser ce sombre bordel.

---

[19] Terme sanskrit signifiant l'âme immortelle, la véritable identité d'un individu, un double spirituel, le Soi supérieur.

Un jour, elle sera la Reine de Pique !

Ode à la Rose

Noire,

Inébriante comme ces Fruits du Démon jaculatoires.

Kilolitres de larmes de bonheur,

Azuraient son jardin brumeux.

Harmonie enivrante de ces douces fleurs !

Cœur sombre valsait ses sentiments.

Au coucher du soleil, un ange pimpant,

Sémillant, embrasait cette tempête.

Sacrilège d'une écriture incandescente

Au beau milieu de la nuit.

Naufragée, ses mots valsaient dans l'ombre,

Dansaient dans la pénombre.

Rivière de paroles, océan de poésie,

Apogée d'une braise qui égayait ses sombres nuits.

Maudit à ceux qui doutaient de sa plume !
Ecoulement de *larmes, défaut de l'arme.*
Yin obscur qui engendrait un tel vacarme,
Acheminait dans les racines du bitume.

Cœur bercé dans le Moyen-Orient,

Humait le parfum de la quiétude,

Et il consentait à l'approfondissement

Riche de diverses cultures.

Ivresse tumultueuse en réponse à la sollicitude,

Nul ne souhaitait juguler cette belle aventure,

Envoûtement suprême du royaume oriental.

Médusée par ce fruit de Vénus,

Y compris par cette drogue crocrodile,

Roborative, elle s'évadait jusqu'à Uranus.

Insouciante de ses veines bleues si fébriles,

Accompagnée d'une acoustique mémorable,

Madame perdurait ses souvenirs inoubliables.

Minuit, les ultimes spasmes de remords des âmes
En peine s'enchevêtraient, s'embrassaient, s'unissaient.
Les cris feutrés de détresse étaient poignants, mais
Inaudibles.
Noirceur des âmes infâmes, engendrant un beau drame,
Au crépuscule, un aria pour étouffer leurs braillements.

Habile de ses mains, elle maniait les traits,

Assemblait les esquisses d'une grande qualité.

La graine d'artiste fleurissait,

Inventant des toiles, coffrets voire même des carnets.

Maniaque de la perfection artistique, sa calligraphie

Attisait un engouement.

Talent incontestable, elle domptait la plume intelligemment,

Agréable sensation lorsqu'elle partageait ses sublimes croquis.

Eprise de cette couleur émeraude,

Lui rappelant son erpétolophilie[20].

Océan mélodieux rythmant des odes,

De voix mielleuses venues d'Asie ;

Illumination d'une affection *Infinite*[21],

Encore et encore, son odyssée s'éternisait.

---

[20] Collectionneur de tout ce qui concerne les grenouilles et les reptiles.
[21] Mot anglais signifiant « infini ».

Ecume d'un amour transmis par cette muse
Vénusté,
Au clair de Lune, une étincelle apparaissait.

Vous êtes comme une lumière, vous illuminez chaque jour ma vie…

Vous êtes comme un souvenir, inoubliable…

Joyau blême dont l'âme de jais,
Estompait l'aura d'un amour singulier.

Tourmenteux comme un désert,
Amer.
Illumination d'une nuit, un déboire d'une vie,
Mélopées enflammant nos maux noircis,
Et ce rocher éternel en guise de notre amour perpétuel.

Vous êtes ces particules célestes qui saupoudrent mon univers brumeux

Vous êtes cet astre séraphique qui fleurissait lors de ce lever héliaque. Vous êtes cette lumière cendrée qui s'émane de cette étoile enflammée. Adulés par les météores paradisiaques, vous illuminez mon univers assombri. Je me noie dans cette abyssale nébuleuse, accompagnée de quelques bribes reluisantes qui saupoudrent mon âme maculée. Au crépuscule, la Lune rougit et mon âme métamorphosée, grâce à vous, rugit. Au crépuscule, le Soleil enfièvre mes désirs les plus impétueux. Vous êtes cette météorite qui s'écrase violemment sur mon cœur. Lune et Soleils s'embrasseront et l'amour viendra éclipser la haine.

C'est grâce à votre soutien inébranlable que je peux imaginer cette éclipse, entre vous et moi.

Vous êtes cette météorite radiante qui illumine mon âme

Les premières lueurs de l'aube éclairaient les âmes humaines, sauf la mienne. La lumière ne daignait trouver refuge dans mon ciel obscur, laissant la noirceur dompter toute étincelle qui osait s'infiltrer, excepté ce jour.

Une météorite s'écrase violemment sur mon astre condamné, laissant des bribes saupoudrer mon univers noirci. Cet aérolithe reluisant engendre dès lors la propagation d'une lumière jusqu'à l'apogée de l'éclat. J'immerge mon âme dans ce chatoiement, espérant parcourir cet Eldorado[22], qui est le vôtre. J'ai moi-même créé cette sublime nébuleuse où mon cœur s'engouffre dans les profondeurs de votre amour. Notre chemin est comparable à la Voie Lactée où les étoiles paradisiaques clament notre fusion.

Lumière et Obscurité s'affrontent dans un combat sanglant où le destin est inéluctable. La fatalité est imprévisible pour l'une où quelques fragments de noirceur se voient engloutir par un océan étincelant jusqu'à l'acmé de la blancheur. Libérée de cette emprise étouffante, une harmonie lyrique me transporte et je laisse mon esprit poétique s'évader.

---

[22] Terme détourné de son origine mythologique pour désigner une contrée fantasmée où ses habitants vivent et s'épanouissent dans l'abondance et l'allégresse.

Votre soutien, aussi éminent que le Genkidama[23]

La loi de votre amour avait jailli telle *la Grande Vague de Kanagawa*[24], où les *Sakura* fleurissaient le chemin de notre bonheur. Vous aviez gravi la *Grande Muraille* pour vous immiscer dans mon temple anarchique ou vous étiez restés jusqu'à ma capitulation. Mon cœur aussi asséché que le *désert de Gobi* réclamait ce *Fleuve Bleu*[25], vous mes lecteurs, pour le raviver. Ô fidèles lecteurs, Ô *Les Héritiers*, ensoleillez mon monde fuligineux. Votre soutien, aussi comparable que le *Genkidama*, m'apaisait sur le *Vogue Merry*[26]. J'avais écrit vos tristesses et regrets sur le *Death Note* pour les éradiquer et écrit vos prénoms sur l'Eclipse où seul vos cœurs adamantins humaient ce nouveau parfum sucré.

---

[23] Technique de combat très puissante utilisée dans le manga japonais Dragon Ball Z. Elle consiste à rassembler l'énergie de tous les êtres vivants afin de former une boule d'énergie vitale.

[24] Célèbre estampe japonaise.

[25] Le Yangzi Jiang ou Chang Jiang, est le plus long fleuve d'Asie, il est appelé Fleuve Bleu.

[26] Une caravelle fictive appartenant au manga japonais One Piece.

Au crépuscule, ma plume prendra son envol,
Désir ardent, désir frénétique d'une nuit,
Illumination d'une auréole,
Ephémère.
Un instant de bonheur gravé dans nos cœurs.